Schauen und Wissen!

Bildnachweis

© blickwinkel – P. Cairns: S. 24; M. Delpho: S. 32 (l.); G. Ewald: S. 8; J. Fieber: S. 9 (o. l.); S. Gerth: S. 11 (o. r.), S. 12, S. 19, S. 25; A. Hartl: S. 18, S. 20 (l.); F. Hecker: S. 5 (r.); M. Hoefer: S. 20 (M.); R. Kaufung: S. 6, S. 13, S. 16, S. 17; S. Klewitz-Seemann: S. 33 (r.); W. Layer: S. 9 (o. M., o. r.); McPHOTO: S. 2, S. 5 (o. l., u. l.), S. 9 (u. M.), S. 11 (l., u. r.), S. 15 (r.), S. 20 (r.), S. 21, S. 26 (l., r.), S. 30 (o.), S. 31 (o.); S. Meyers: S. 3; J. S. Peifer: S. 29; H. Pieper: S. 9 (u. l.), S. 15 (u. l.), S. 28; S. u. A. Sailer: S. 15 (o. l.); H. Schulz: S. 4, S. 22/23, S. 23 (r.), S. 27, S. 32 (r.); D. u. M. Sheldon: S. 9 (u. r.), S. 31 (u.); M. Walch: S. 30 (u.); S. Weber: S. 33 (l.)

© M. Kumke/Natur- und Vogelwelt – Cover, S. 7

© Veronika Straaß – S. 34

MIX
Papier | Fördert
gute Waldnutzung
FSC® C043106

Originalausgabe
© 2014 Hase und Igel Verlag GmbH, Frei-Otto-Straße 18,
80797 München, service@hase-und-igel.de
www.hase-und-igel.de
Lektorat: Anna Meißner, Monika Burger
Layout: Margit Kick
Illustrationen: Hendrik Kranenberg
Druck: Grafisches Centrum Cuno GmbH & Co. KG, Gewerbering West 27,
39240 Calbe (Saale), info@cunodruck.de

ISBN 978-3-86760-763-6
7. Auflage 2025

Veronika Straaß

Der Fuchs

Hase und Igel®

Der böse Fuchs?

In vielen Kinderbüchern sind Füchse hinterlistig und gemein. Sie lauern hinter Büschen auf Hasenkinder und überfallen ahnungslose Hühner. Wenn man aber einen lebendigen Fuchs sieht, wundert man sich: Was, so klein ist der? Wie ein Ungeheuer sieht er gar nicht aus.

Tatsächlich ist ein Fuchs nur so schwer wie ein gut gefütterter Kater und auch nur etwas größer. Und er ist bildschön: An der Unterseite, von der Schnauze bis zum Bauch, ist das Fell weiß, manchmal auch grau. Am Rücken und auf dem Kopf ist es sandgelb, kupferrot oder rotbraun. Die Beine sehen aus, als würden sie in schwarzen Stiefeln stecken. Auch die Rückseite der Ohren ist schwarz. Der Schwanz endet in einer weißen Spitze.

Mein Lexikon

Lunte, Fang: Jäger nennen den Fuchsschwanz *Lunte* und die Schnauze *Fang*.

Füchsen auf der Spur

Füchse sind sehr spannend. Schade, dass sie erst abends wach werden, wenn wir schlafen gehen. Aber ein guter Fuchsdetektiv kann trotzdem eine Menge über sie herausfinden. Er muss nur all die kleinen Zeichen entdecken, die jeder Fuchs hinterlässt.

Auf weichem Boden drücken die Pfoten deutliche Spuren in die Erde. Oft kann man sogar die einzelnen Krallen erkennen. An Drahtzäunen bleiben manchmal ein paar Haare hängen, wenn der Fuchs unten durchgeschlüpft ist. Auf Baumstümpfen, Maulwurfshügeln und Grasballen kann man seine Kothäufchen finden. Manchmal sieht man an einem Fuchshäufchen sogar, was der Fuchs zuvor gefressen hat: Wenn Insektenflügel darin sind, hat er vielleicht Maikäfer aufgesammelt. Knöchelchen stammen von der letzten Mäusemahlzeit. Und kleine Kerne verraten, dass der Fuchs sich den Bauch mit Beeren vollgeschlagen hat.

Mein Lexikon

Schnüren:
Wenn ein Fuchs langsam geht, setzt er die einzelnen Tritte in einer Linie hintereinander. Diese Gangart des Fuchses nennt man *Schnüren*.

Füchse werden erst abends munter.

Für Forscher

Wenn du so ein Häufchen entdeckst, weißt du, dass hier ein Fuchs unterwegs war. Fass den Kot aber nie an!

Abgebissene Federn zeigen, dass ein Fuchs einen Vogel erbeutet hat.

Der große „Mäusesprung"

So gut wie Katzen können Füchse zwar nicht klettern, aber bis in die nächste Astgabel schaffen sie es doch.

Für Forscher

Wie sich ein Fuchs auf Mäusejagd verhält, kannst du beim Spiel einer Katze mit einem Wollknäuel beobachten: Sie lauert, wackelt aufgeregt mit dem Schwanz und springt mit einem großen Satz auf ihre „Beute".

Manchmal erinnern Füchse an Katzen. Sie rennen nicht hinter ihrer Beute her, wie es Hunde oder Wölfe machen. Sie schleichen sich lieber lautlos an oder lauern ihrer Beute auf. Vor dem Sprung zuckt der Fuchs oft genauso mit dem Schwanz, wie es eine Katze tut, die aufgeregt ein Wollknäuel belauert.

Außerdem können Füchse die Krallen der Vorderpfoten ein Stückchen einziehen – zwar nicht so gut wie Katzen, aber viel besser als Hunde. Sie können mit diesen beweglichen Krallen sogar ein wenig klettern.

Aber warum verhält sich der Fuchs, als wäre er eine Katze? Das hat etwas mit den Mäusen zu tun: Füchse fressen jede Menge Mäuse. Die erwischt man eben nicht, wenn man sich wie ein Hund oder ein Wolf benimmt. Man muss sie belauern und mit einem Satz – dem großen „Mäusesprung" – überrumpeln. Genau so, wie es die Katzen machen.

Fuchs, du hast die Gans gestohlen?

Ist es wirklich wahr, dass Füchse gerne mal eine Gans von der Wiese stehlen? Nein, in Wirklichkeit fressen sie am liebsten das, was sie leicht kriegen können, ohne aufzufallen.

Für einen fitten Fuchs sind Mäuse eine leichte Beute. Auf dem Speiseplan des Fuchses stehen auch – ob ihr's glaubt oder nicht – Regenwürmer. Füchse lieben Regenwürmer sogar! In Regennächten streunen sie über die nassen Wiesen und holen sich jede Menge dieser glitschigen Häppchen.

Füchse fressen fast alles, was ihnen über den Weg läuft. Aber dazu gehören eben auch mal ein Nest voll Eier oder Jungvögel, kleine Hasen oder ein Huhn, das abseits von der Hühnerschar am Waldrand nach Futter sucht. Füchse wären doch dumm, wenn sie ausgerechnet solche Extras liegenlassen würden, oder?

Schlaue Frage

Fressen Füchse Obst?
Aber sicher doch. Im Sommer, wenn Himbeeren, Brombeeren und Blaubeeren reif sind, ziehen sie los, um Beeren zu fressen. Besonders lecker finden sie heruntergefallene Pflaumen.

Maus

Regenwurm

Nest mit Eiern

Junger Vogel

Junger Feldhase

Huhn

Der Fuchs im Hühnerstall

Wenn Füchse normalerweise möglichst unauffällig ihr Futter holen, wie kommt es dann, dass sie im Frühjahr doch manchmal in Hühnerställe einbrechen? Da müssen die Fuchseltern ihre hungrigen Jungen satt bekommen. Sie haben keine andere Wahl: Sie müssen alles holen, was sie kriegen können.

Und warum tötet ein Fuchs so oft alle Hühner im Stall, obwohl er nur eines fressen kann? Auch wenn der Fuchs bereits satt ist, muss er einfach zupacken, solange sich um ihn herum etwas bewegt. Dabei macht der Fuchs eigentlich gar nichts falsch: Wenn er draußen im Wald mehr Beute erwischt, als er auf einmal fressen kann, vergräbt er den Rest für später. Auch der Fuchs im Hühnerstall würde gerne ein Huhn nach dem anderen mitnehmen und an einem sicheren Platz vergraben, damit die Jungen auch in ein paar Tagen noch genug zu fressen haben. Aber kaum ist er mit dem ersten Huhn verschwunden, bemerkt der Stallbesitzer, was passiert ist – und der Fuchs bleibt im Wald.

Mein Lexikon

Instinkt:
Als *Instinkt* bezeichnet man den natürlichen Antrieb bei Tieren, etwas „einfach tun zu müssen" – auch wenn es uns Menschen vielleicht nicht sinnvoll erscheint.

Junge Füchse haben eigentlich immer Hunger! Die Milch
der Füchsin reicht schon
lange nicht mehr, um die
Kleinen satt zu bekommen.

Hören, riechen, sehen

Mein Lexikon

Lauscher:
In der Jägersprache heißen die Ohren des Fuchses *Lauscher*.

Wir können uns gar nicht vorstellen, was Füchse alles hören. Wo wir glauben, alles sei still und ruhig, hat ein Fuchs lauter Geräusche im Ohr: das feine Raspeln kriechender Regenwürmer, das hohe Fiepen von Mäusen, das Zirpen von Heuschrecken und Raupen, die sich durch ein Blatt nagen. Ein Fuchs kann sogar Ameisen krabbeln hören!

Auch die Fuchsnase ist viel empfindlicher als unsere. Mit seiner feinen Nase findet der Fuchs jedes fressbare Häppchen, auch wenn es in der Erde steckt. Er kann nach Stunden noch riechen, wo ein Mensch entlanggegangen ist – und sich vorsichtshalber aus dem Staub machen.

Mein Lexikon

Ultraschall:
Sehr hohe Töne, die wir Menschen nicht mehr hören können, heißen *Ultraschall*. Außer den Füchsen können viele andere Tiere, zum Beispiel Hunde, Ultraschalltöne hören.

Fuchsohren haben eine Form, die ein wenig an Satellitenschüsseln erinnert. Mit ihnen kann ein Fuchs sogar Ultraschall hören.

Der Fuchs hat schlitzförmige Pupillen – genau wie eine Katze.

Und wie gut sind Fuchsaugen? Der Fuchs sieht vor allem Bewegungen unglaublich gut. Wenn eine Maus auch nur einen Grashalm zum Wackeln bringt, merkt er das sofort. Außerdem kann der Fuchs auch nachts gut sehen.

Duftende Fuchspost

Was kannst du tun, wenn du jemandem, der gerade nicht da ist, etwas erzählen willst? Ganz einfach: Du schickst ihm eine Nachricht. Und ans Ende schreibst du deinen Namen, damit der Empfänger auch weiß, von wem die Nachricht kommt. Füchse können das auch: Sie hinterlassen Nachrichten und die anderen Füchse wissen immer genau, von wem die Nachricht kommt. Ihre Botschaften sind allerdings nicht zum Anschauen, sondern zum Riechen.

Wie machen die Füchse das? Sie pinkeln auf Grasbüschel oder Baumstümpfe, ein paar Tröpfchen hier, ein paar Tröpfchen da. Jeder andere Fuchs, der vorbeikommt, kann aus der „Pinkelpost" herausriechen, dass hier zum Beispiel das Revier eines anderen Fuchses beginnt. Er riecht, ob die Botschaft von einem Männchen oder einem Weibchen stammt, ob der andere Fuchs eine Partnerin sucht und viele Dinge mehr. Der „Leser" der Duftnachricht tröpfelt dann seine eigene Botschaft darüber und schon haben die anderen Füchse wieder etwas Neues zu „lesen".

Für Forscher

Die „Pinkelpost" ist keine komische Angewohnheit der Füchse. Hunde und Katzen machen es genauso. Schau dich in deiner Umgebung um. Kannst du Hunde und Katzen entdecken, die eine duftende Botschaft hinterlassen oder erschnuppern?

Füchse hinterlassen auch bei jedem Schritt eine Duftbotschaft. Mit ihren Zehenballen drücken sie ihren Duft beim Laufen auf den Boden.

Schlaue Frage

Warum reiben Füchse ihren Kopf an Steinen? Weil sie auch mit den Lippen Duft hinterlassen können. Beim Kopfreiben bleibt ein kleiner Duftstreifen an Steinen, Zweigen und anderen Dingen – und jeder andere Fuchs, der hier vorbeikommt, „liest" die Duftnachricht.

Auch jedes Fuchshäufchen bekommt eine persönliche Duftbotschaft aufgedrückt.

Fuchshochzeit im Winter

Mein Lexikon

läufig:
Eine Füchsin – oder auch eine Hündin – ist *läufig*, wenn sie in Hochzeitsstimmung kommt und einen Partner sucht. Bei Füchsen ist das im Januar und Februar der Fall.

Mein Lexikon

Paarung:
Bei der *Paarung* überträgt das männliche Tier Samen in das weibliche Tier. Daraus können sich Junge entwickeln, die einige Zeit später auf die Welt kommen. Man sagt, das männliche und das weibliche Tier paaren sich.

Wenn eine Füchsin in Hochzeitsstimmung ist, wird ihr Duft für die Fuchsmännchen ganz besonders interessant. Kilometerweit können sie riechen, dass da ein Weibchen einen Partner sucht. Dann müssen sie sich einfach auf den Weg machen und diesem tollen Geruch folgen. Doch wenn ein Fuchs die Füchsin gefunden hat, heißt das noch lange nicht, dass er sich sofort mit ihr paaren darf. Anfangs ist sie ganz schön zickig und keift den Fuchs immer wieder an. Er muss sie erst besänftigen, damit sie allmählich freundlicher wird.

Oft kommen gleich mehrere Verehrer zu der Füchsin – das geht meist nicht ohne eifersüchtiges Gebell und Kämpfe ab.

Kinderzimmer unter der Erde

Kleine Füchse werden nicht in irgendeiner Bodenmulde im Gebüsch geboren, sondern unter der Erde im Fuchsbau. Das hat einen guten Grund: Wenn sie auf die Welt kommen, sind sie blind und taub, haben nur dünnes Fell und sind völlig hilflos. Solche Winzlinge wären schon beim ersten Regenguss krank, im Bau haben sie es aber warm und trocken. Außerdem sind sie hier unten vor Hunden, Krähen, Bussarden und Eulen sicher.

Schlaue Frage

Schlafen Füchse in ihrem Fuchsbau?
Nein, erwachsene Füchse benutzen ihren Bau höchstens, wenn es in Strömen regnet. Meistens schlafen sie dort, wo es gerade gemütlich ist und wo sie sich sicher fühlen. Den Bau unter der Erde brauchen Füchse nur für ihre Jungen.

Nur die Füchsin und ihre Jungen leben unter der Erde.

Wachsam lauscht und schnüffelt die Füchsin, bevor sie sich ins Freie wagt. Ihre Jungen sind noch viel zu klein, um ihr zu folgen.

Ein Fuchsbau ist nicht sonderlich kunstvoll. Er besteht nur aus einem Wohnraum mit mehreren Ausgängen. Sollte ein Feind durch den Haupt-eingang hereinkommen, können sich die Bewohner immer noch durch die Nebeneingänge nach draußen retten.

Mein Lexikon

Kessel:
Den Wohnraum im Fuchsbau nennt man *Kessel*.

Der Fuchsbau wird zu eng

Die Fuchsmutter lässt ihre Kinder in den ersten Wochen kaum einen Moment allein. Sie wärmt die Kleinen, leckt sie sauber und säugt sie mit Milch. In dieser Zeit kann sie nicht selbst jagen, sodass der Fuchsmann sie mit Futter versorgt.

Anfangs krabbeln die Jungen nur im Kessel herum, doch sie werden immer mutiger. Auch die Gänge im Bau finden sie nun interessant, und mit ungefähr einem Monat trauen sie sich zum ersten Mal ins Freie.

Das Fell der Fuchswelpen ist anfangs graubraun wie die Erde um sie herum – und das ist gut so. Solange sich die Kleinen nicht bewegen, sind sie nämlich bestens getarnt und für ihre Feinde fast unsichtbar.

Nach und nach kommt bei den Jungfüchsen der rote Kinderpelz hier und da zum Vorschein. Es wird nicht mehr lange dauern, dann haben die kleinen Welpen die gleiche fuchsrote Färbung wie ihre Eltern.

Mein Lexikon

Rüde, Fähe und Welpen:
Das Fuchsmännchen heißt auch *Rüde*, das Fuchsweibchen *Fähe*. Die Jungen von Füchsen nennt man *Welpen*, genauso wie bei Hunden und Wölfen.

Alles im Freien ist für die Welpen neu und aufregend. Wenn ein Vogel ruft, spitzen sie gespannt ihre Ohren. Wenn eine Fliege vorbeibrummt oder sich ein Blatt leicht im Wind bewegt, versuchen sie, die komischen Dinger zu fangen. Alles wird beschnüffelt, benagt und ausprobiert. Die Eltern bringen den Welpen nun schon die ersten Mäuse als Futter mit und jedes Mal werden sie von den Kleinen schwanzwedelnd begrüßt.

Kleine Füchse werden groß

Mit etwa sieben Wochen fühlen sich die Kleinen schon ganz schön groß. Sie warten nicht mehr brav ab, bis ihre Eltern von der Jagd zurückkommen. Sie erkunden auch schon allein die Umgebung des Fuchsbaus. Sie fangen an, nach Käfern zu schnappen, und manchmal erwischen sie sogar eine Maus.

Wenig später begleiten die Fuchskinder ihre Eltern auf die Jagd. Sie sehen ganz genau zu, wo man nach Beute sucht, wie man die schnellen Mäuse erwischt und wie man am besten mit Regenwürmern umgeht.

Und eines Tages im Herbst kehren dann einige Jungfüchse nicht mehr in den Bau zurück. Sie haben sich auf den Weg gemacht in ihr eigenes Leben. Sie suchen nach einem Revier, in dem noch kein anderer Fuchs auf Mäusejagd geht und in dem sie ihre eigene Familie gründen können. Aber nicht alle Jungfüchse ziehen fort. Junge Füchsinnen bleiben oft jahrelang bei ihren Eltern und helfen als „Kindermädchen" mit, wenn im Frühjahr wieder Fuchswelpen geboren werden.

Schlaue Frage

Lebt der Fuchs allein?
Lange glaubte man, dass Füchse am liebsten allein leben und sich nur zur Paarung treffen. In Wirklichkeit leben sie aber oft sogar in Großfamilien zusammen.

Die eigenen Geschwister sind für einen kleinen Fuchs wichtige Spielpartner.

Fuchsforscher unterwegs

Wenn ein Fuchs ein Halsband mit Sender trägt, kann der Forscher ihn mit Antenne und Empfänger überall aufspüren.

Schlaue Frage

Geht das Gepiepse des Funksenders dem Fuchs nicht auf die Nerven?
Nein, überhaupt nicht. Der Piepston ist nämlich so hoch, dass selbst der Fuchs ihn nicht hören kann. Erst das Empfangsgerät des Forschers verwandelt die Signale in hörbare Töne.

Woher wissen wir eigentlich all diese spannenden Dinge über Füchse? Wie kriegen die Forscher das heraus, obwohl die Füchse einen großen Bogen um sie machen?

Forscher arbeiten mit raffinierten Tricks: Sie fangen die Füchse, schnallen ihnen Halsbänder mit winzigen Funksendern um und lassen sie wieder frei. Diese Minisender geben nun ständig Piepstöne von sich. Die kann der Forscher hören, wenn er mit einem speziellen Empfangsgerät und einer Antenne hinter dem Tier herläuft. Natürlich hält er dabei so viel Abstand, dass sich der Fuchs nicht gestört fühlt.

Von nun an weiß der Forscher genau, wann und wo sich „sein" Fuchs herumtreibt. Die Funksignale sagen ihm, ob der Fuchs in der Hecke nebenan oder in seinem Bau steckt. Die Antenne zeigt ihm immer genau, aus welcher Richtung das Piepsignal kommt.

Schlauer Fuchs?

„Du bist schlau wie ein Fuchs", sagt man zu einem Menschen, der schnell lernt und immer gute Ideen und Tricks hat. Tatsächlich tun Füchse manchmal ganz schön schlaue Dinge. Ein hungriger Fuchs zum Beispiel muss nicht unbedingt auf die Jagd gehen, manchmal macht er genau das Gegenteil: Er legt sich einfach hin. Wenn Krähen ihn ohne einen Mucks auf dem Boden liegen sehen, hopsen sie neugierig näher. Doch plötzlich springt der „Tote" hoch und schnappt sich eine Krähe.

Dieser Fuchs hat schnell gelernt, dass der Fotograf, der ihn jeden Tag besucht, nicht gefährlich ist. Und weil Füchse nicht nur schlau, sondern auch neugierig sind, sieht er sich die Kamera mal genauer an.

Wenn man Fuchsforscher fragt, ob sie Füchse für schlau halten, würden sie wahrscheinlich „Und wie!" antworten. Sie müssen die Füchse ja zuerst fangen, bevor sie ihnen Halsbänder mit kleinen Sendern umhängen können. Aber wie bekommt man einen Fuchs in die Falle? Wenn ein Fuchs den Menschengeruch an der Falle erschnüffelt hat, wird er nämlich sofort sehr misstrauisch. Er macht einen großen Bogen darum herum. Aber zuvor holt er sich noch schnell den leckeren Köder. Manchmal schafft er das sogar, ohne dass die Falle dabei zuschnappt.

Füchse in der Stadt

Inzwischen leben Füchse auch in der Stadt. Und was gibt es für sie dort zu holen? Eine ganze Menge. Stadtfüchse haben längst gemerkt, wie lecker weggeworfene Wurstbrote in Abfalleimern schmecken. Ratten, Tauben oder die Obstreste vom Wochenmarkt sind auch nicht zu verachten. Für Füchse ist die Stadt eine einzige Imbissbude.

Zwar lässt sich in einem Garten nicht so leicht ein richtiger Fuchsbau graben, aber das ist auch gar nicht nötig. Unter Gartenhäuschen, in Betonröhren, unter Asthaufen oder in dichten Hecken finden sie gemütliche Schlupfwinkel.

Für Forscher

Wenn du in der Dämmerung einen Fuchs in der Stadt siehst, kannst du dich über den Besucher aus dem Wald freuen. Geh aber nicht hin und verhalte dich ruhig. Lass dem Tier die Möglichkeit, vor dir wegzulaufen.

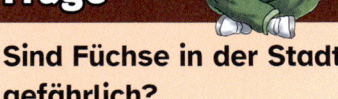

Schlaue Frage

Sind Füchse in der Stadt gefährlich?

Meist sind sie ohnehin sehr scheu und halten sich von uns Menschen fern. Füchse können aber nicht unterscheiden, was sie fressen dürfen und was sie in Ruhe lassen sollen. Wenn Kaninchen oder Meerschweinchen über Nacht draußen im offenen Auslauf bleiben, hält der Fuchs sie wahrscheinlich für ein nettes Geschenk.

Alles Verwandte

Füchse sind mit Wolf und Hund verwandt. Wenn man sich einen Fuchs genau ansieht, entdeckt man ein paar Ähnlichkeiten mit dem Wolf. Der Fuchs, den wir kennen, heißt mit vollem Namen eigentlich **Rotfuchs**. Er lebt in Europa. Seine vielen Verwandten in anderen Ländern sehen oft ganz anders aus und führen auch ein anderes Leben als er.

Amerikanische **Graufüchse** können so gut klettern, dass sie manchmal noch in zehn Metern Höhe im Geäst herumturnen und es sich in Baumhöhlen gemütlich machen. Sie sehen aus, als hätte jemand ihr Fell in allen Schattierungen von cremefarben über gelb und rot bis grau angepinselt.

Die amerikanischen **Swiftfüchse** sind nicht rot, sondern sandgelb, viel kleiner als unsere Füchse – und wesentlich schneller. Wenn sie aufgescheucht werden, flitzen sie mit unglaublichem Tempo davon und schlagen dabei auch noch Haken.

Polarfüchse leben im kalten Norden. Ihre Ohren sind auffallend klein und das ist gut so: Große Ohren wären bei den eisigen Temperaturen ganz schön unpraktisch und würden ja doch nur erfrieren. Polarfüchse sehen in ihrem dicken weißen Winterfell aus wie Fellkugeln. Sie sind so warm eingepackt, dass sie sich sogar auf einem zugefrorenen See gemütlich zum Schlafen einrollen können.

Der **Fennek**, der Wüstenfuchs, hat sehr große Ohren. Ohne sie würde er in seiner Heimat vielleicht einen Hitzschlag bekommen: Wenn es in der Wüste sehr heiß ist, lässt er den Wind über seine riesigen Tütenohren streichen. Die Ohren werden gekühlt und mit ihnen der ganze Fuchs. Gerettet! Außerdem ist er der Kleinste unter den Füchsen und gerade mal so schwer wie ein Kaninchen.

Interessantes zum Fuchs

? **Wie schnell können Füchse rennen?**

! Füchse können mit einer Geschwindigkeit von 55 Stundenkilometern dahinflitzen. Das ist so schnell, wie ein Auto in der Stadt fahren darf. Füchse würden bei einem Wettrennen jeden Menschen abhängen.

? **Wie alt können Füchse werden?**

! Wenn man ihn in Ruhe lässt, kann ein Fuchs so alt werden wie ein Hund – also 12 bis 15 Jahre. Aber die meisten Füchse sterben, bevor sie ein Jahr alt sind: Sie laufen einem Jäger vor die Flinte oder geraten unter ein Auto.

? **Warum jagen Füchse nicht gemeinsam?**

! Die Jagd in der Gruppe ist nur dann sinnvoll, wenn die Beute groß ist und gemeinsam gefangen werden muss. Ein Löwe allein hätte keine Chance gegen einen Büffel, bei solcher Beute müssen Helfer her. Aber ein Fuchs braucht keine Hilfe, wenn er eine kleine Maus fangen will.

? **Sind Füchse für Katzen gefährlich?**

! Ganz kleine Katzen könnte sich ein Fuchs vielleicht schnappen, aber mit einer erwachsenen Hauskatze würde er sich nie anlegen. Mit ihren Krallen und Zähnen will er lieber nichts zu tun haben!

Die Autorin

Veronika Straaß ist Diplom-Biologin und als Autorin, freie Journalistin, Übersetzerin und Lektorin tätig. Sie hat bereits zahlreiche Bücher und Zeitschriftenartikel für Kinder und Jugendliche verfasst. Es ist ihr wichtig, den jungen Lesern die Natur vor unserer Haustür näherzubringen. In ihrer Freizeit beschäftigt sie sich gerne mit ihrer Eurasier-Hündin Luna.